## QUAL É O ANIMAL?

POR DESOBEDECER A UM PEDIDO DE DEUS, JONAS ACABOU SENDO ENGOLIDO POR UM ENORME ANIMAL. VOCÊ SABE QUAL É? CIRCULE A RESPOSTA CORRETA.

**GRANDE PEIXE**

**JACARÉ**

**ELEFANTE**

## LABIRINTO DO BOM PASTOR

DAVI ERA UM BONDOSO PASTOR DE OVELHAS E FILHO MAIS NOVO DE JESSÉ, UM HOMEM TEMENTE A DEUS. TRACE O CAMINHO CORRETO PELO LABIRINTO PARA LEVAR DAVI ATÉ OS ANIMAIS.

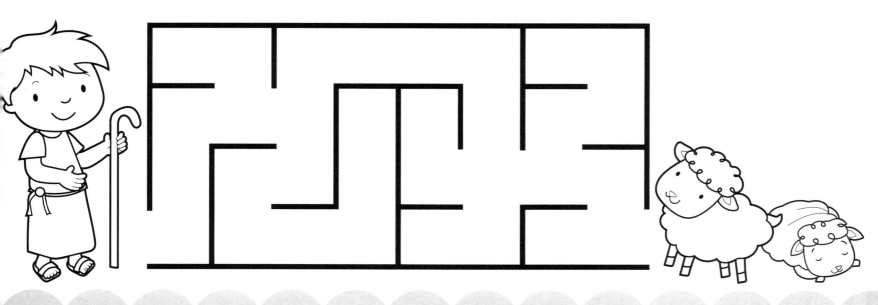

## CAÇA-PALAVRAS DOS APÓSTOLOS

PARA LEVAR A PALAVRA DE DEUS A TODOS, JESUS REUNIU 12 APÓSTOLOS. OBSERVE OS NOMES DE ALGUNS DELES ABAIXO E ENCONTRE-OS NO CAÇA-PALAVRAS.

```
G H I J M L A M R I
D E M K N I S Ã E G
T U A N D R É O H P
I S T Ã L O M T R V
J P E R D G R P I É
O A U E H P I L E D
Ã R S I P E D R O Ã
O A G O S P T R T E
R I É T I A G O S G
S L H Ã O E L U R A
D G A H M R T O M É
```

PEDRO · TIAGO · JOÃO · ANDRÉ · MATEUS · TOMÉ

## CONTANDO OS PÃES

EM UM DE SEUS MILAGRES, JESUS MULTIPLICOU OS PÃES PARA ALIMENTAR A MULTIDÃO QUE O SEGUIA. CONTE QUANTOS PÃES HÁ ABAIXO E ESCREVA A RESPOSTA NO LOCAL INDICADO.

.......... PÃES

# COMO USAR ESTE LIVRO

PARA USÁ-LO DA MELHOR FORMA, NÃO DEIXE DE SEGUIR AS RECOMENDAÇÕES ABAIXO:

DESDOBRE AS PÁGINAS DO LIVRO, PARTE POR PARTE, E VÁ DESCOBRINDO AOS POUCOS SEU CONTEÚDO.

COMECE FAZENDO AS ATIVIDADES SOBRE AS HISTÓRIAS DA BÍBLIA. TEM LABIRINTO, CAÇA-PALAVRAS, JOGO DAS SOMBRAS E MUITO MAIS!

APÓS FAZER AS ATIVIDADES, TERMINE DE DESDOBRAR O LIVRO E VEJA UM LINDO CENÁRIO SE FORMAR.

SEPARE OS LÁPIS DE COR E VÁ PINTANDO POUCO A POUCO O CENÁRIO, NO RITMO E NO TEMPO QUE PREFERIR.

QUANDO VOCÊ TERMINAR DE COLORIR, SEU DESENHO TERÁ GANHADO VIDA!

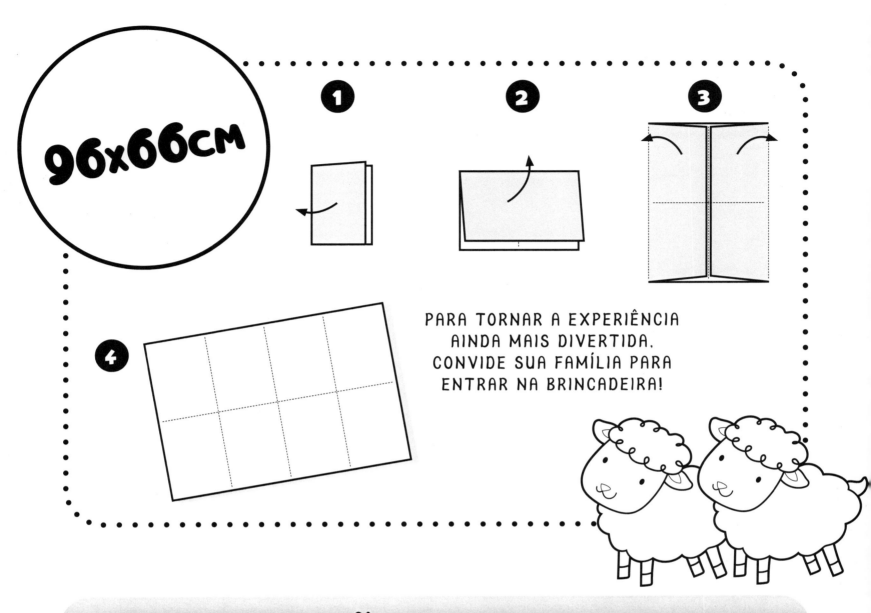

# INFORMAÇÕES PARA OS PAIS

O ATO DE PINTAR E DE RESOLVER ATIVIDADES PEDAGÓGICAS É UM MOMENTO LÚDICO IMPORTANTE PARA DESENVOLVER AS POTENCIALIDADES (FÍSICA, VISUAL-MOTORA, EMOCIONAL, COGNITIVA E SOCIAL) DA CRIANÇA.

PARA TORNAR O MOMENTO LÚDICO AINDA MAIS PRAZEROSO, É FUNDAMENTAL POSSIBILITAR UM AMBIENTE TRANQUILO E CONFORTÁVEL. ALÉM DISSO, AS ATIVIDADES DEVEM SER INSERIDAS DE MANEIRA LEVE E DESCONTRAÍDA, RESPEITANDO OS HORÁRIOS DA CRIANÇA.

A ATIVIDADE LÚDICA TAMBÉM PODE SER UMA ÓTIMA OPORTUNIDADE PARA FORTALECER OS LAÇOS FAMILIARES. POR ISSO, REÚNA A FAMÍLIA, SEPARE OS SEUS LÁPIS DE COR E DIVIRTA-SE COM AS ATIVIDADES E OS DESENHOS DESTE LIVRO.

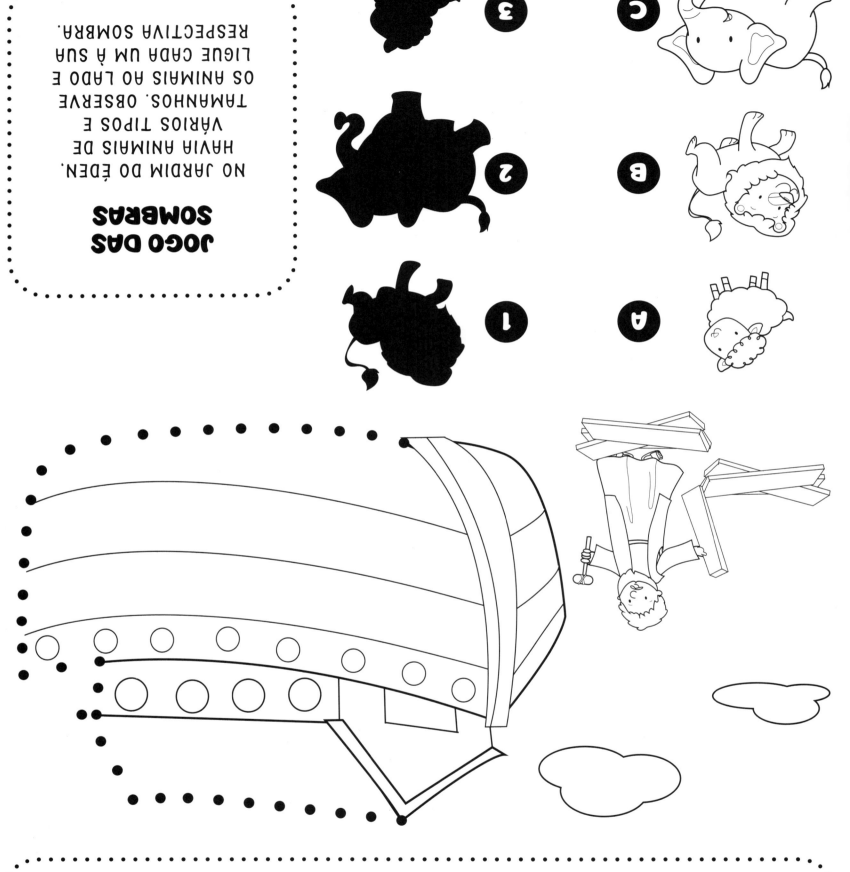

## JOGO DAS SOMBRAS

NO JARDIM DO ÉDEN, HAVIA ANIMAIS DE VÁRIOS TIPOS E TAMANHOS. OBSERVE OS ANIMAIS AO LADO E LIGUE CADA UM À SUA RESPECTIVA SOMBRA.

## CONTORNANDO OS PONTILHADOS DA ARCA

ANTES DE ENVIAR O DILÚVIO PARA LIMPAR TODA A MALDADE DA TERRA, DEUS PEDIU A NOÉ QUE CONSTRUÍSSE UMA ARCA. OBSERVE A IMAGEM DA CRIAÇÃO DE NOÉ E CONTORNE OS PONTILHADOS PARA COMPLETÁ-LA.

## AS CINCO DIFERENÇAS

JOSÉ E MARIA FORAM ABENÇOADOS COM UMA CRIANÇA MUITO ESPECIAL: JESUS, O SALVADOR DO MUNDO. OBSERVE COM ATENÇÃO A CENA **A** DO NASCIMENTO DO MENINO JESUS E ENCONTRE 5 DIFERENÇAS NA CENA **B**.

## CONTORNANDO AS LINHAS

POR CAUSA DE SUA GRANDE FÉ EM DEUS, DANIEL FOI LANÇADO EM UMA COVA REPLETA DE LEÕES, MAS OS ANIMAIS NÃO FIZERAM MAL ALGUM A ELE. CONTORNE AS LINHAS TRACEJADAS PARA COMPLETAR A JUBA DO LEÃO E, EM SEGUIDA, PINTE O DESENHO.

# RESPOSTAS

### CAÇA-PALAVRAS DOS APÓSTOLOS

| G | H | I | J | M | L | A | M | R | I |
|---|---|---|---|---|---|---|---|---|---|
| D | E | M | K | N | I | S | Ã | E | G |
| T | U | A | N | D | R | É | O | H | P |
| I | S | T | Ã | L | O | M | T | R | V |
| J | P | E | R | D | G | R | P | I | É |
| O | A | U | E | H | P | I | L | E | D |
| Ã | R | S | I | P | E | D | R | O | Ã |
| O | O | A | G | O | S | P | T | R | T |
| R | I | É | T | I | A | G | O | S | G |
| S | L | H | Ã | O | E | L | U | R | A |
| D | G | A | H | M | R | T | O | M | É |

### CONTANDO OS PÃES

**13** PÃES

### JOGO DAS SOMBRAS

### AS CINCO DIFERENÇAS

### QUAL É O ANIMAL?

**GRANDE PEIXE**

### LABIRINTO DO BOM PASTOR

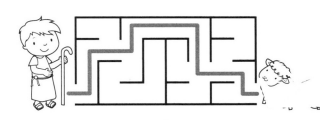

© 2025 Ciranda Cultural Editora e Distribuidora Ltda.
Produção: Ciranda Cultural
Texto: Paloma Blanca Alves Barbieri
Revisão: Karina Barbosa dos Santos
Ilustrações: Lie Nobusa

1ª Edição em 2021
4ª Impressão em 2025
www.cirandacultural.com.br
Todos os direitos reservados.